Novena
VIRGEN DE LAS MERCEDES
Por Laila Pita

© Calli Casa Editorial, 2012
Todos los derechos registrados. Prohibida la reproducción total o parcial de esta obra en todo su contenido: texto, dibujos, ideas e ilustraciones de portada, sin autorización por escrito.

www.solonovenas.com
#2500-653

UN POCO DE HISTORIA

La Virgen de las Mercedes es otra de las representaciones de la Virgen María. Se dice que el 1 de agosto de 1218, cuando los musulmanes dominaban la península Ibérica, al mismo tiempo que los piratas asolaban las costas del Mediterráneo, tomando prisioneros para convertirlos en esclavos en el norte de África. Vivía un hombre santo llamado Pedro Nolasco, fundador del pueblo, al cual se le apareció la Virgen identificándose como Virgen de las Mercedes, para pedirle que fundara una Orden Religiosa con el fin de redimir a los cristianos cautivos. Pronto él fundó la Orden de la Merced Celeste, Real y Militar Orden de la Merced en Barcelona, España. Se cuenta que fueron alrededor de trescientos mil los hombres redimidos por los frailes de la Orden. Ya para el año de 1265 aparecen las primeras monjas de la Merced. También se cuenta que esta Virgen derrama lágrimas reales. Sus devotos le rezan principalmente para recibir bendición y provisión. Es venerada en muchas partes del mundo.

MILAGRO

Allá por 1910, en el norte de Santander, en la Playa Belén, la gente había abandonado sus creencias sobre la religión. Las actividades ya no eran las mismas de antes. El tipo de vida que llevaban estaba llena de pecado. Esto ocasionó que se despertara la furia de Dios que los castigó enviándoles un fuerte temblor que azotó la Playa Belén. Ninguna persona ni la infraestructura de la parroquia salieron dañadas, excepto la escultura de la Virgen de las Mercedes. Se dice que ésta fue la señal que indicó su protección. Desde entonces los habitantes del lugar volvieron a cultivar su religión y a vivir con decoro.

ORACIÓN DIARIA

Bendita Virgen de las Mercedes libertadora de cadenas, que esclavizan a los hombres que arrastran injustas cadenas, impuestas por malvados, tomándolos como rehén. Desde tiempos antiguos les has hecho un bien, a todos los necesitados has dado cosas buenas y de todo aquél que a ti se acerca para pedir sostén, das tu ayuda sin mirar a quién. Con tu bondadoso amor sus manos llenas, atrayendo hacia ellos sólo cosas buenas. Divina Reina de la Paz, mírame a mí también. Bajo tu providencia todo se vuelve un edén.

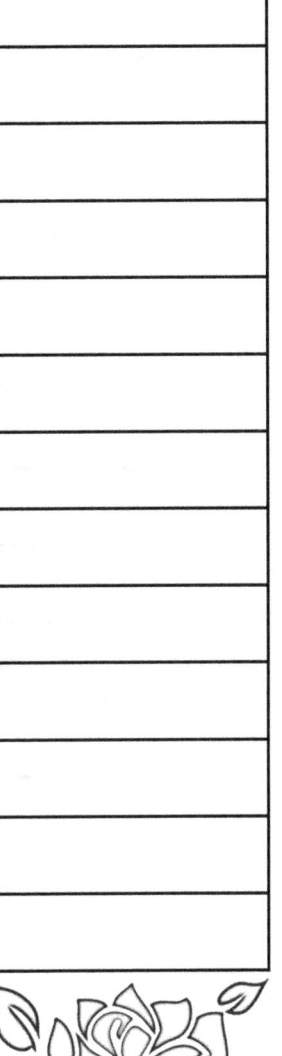

HAGA SU PETICIÓN

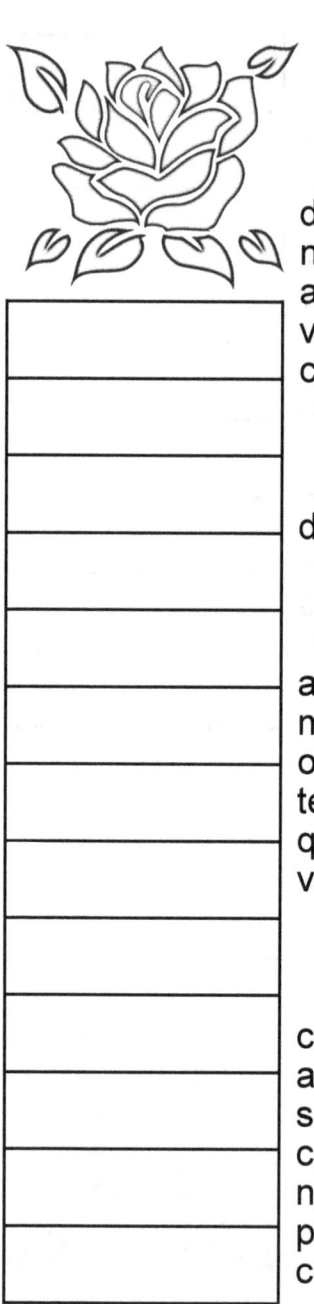

Aquí estoy hincado a tus pies. Con la luz de tus quinqués que no tienen comparación alumbra a este humilde feligrés que viene a hacerte esta petición.

Te ruego con todo mi corazón me concedas... (Se hace la petición)

Esto es un asunto de interés te suplico tu atención me des. Concédeme lo que te pido en esta ocasión y con tu divina protección me ayudes, para que seas tú siempre mi salvación.

Padre Nuestro, que estás en el cielo, santificado sea tu nombre; venga a nosotros tu reino; hágase tu voluntad, en la tierra como en el cielo. Danos hoy nuestro pan de cada día; perdona nuestras ofensas, como también nosotros perdonamos a los que nos ofenden; no nos dejes caer en la tentación, y líbranos del mal. Amén.

Dios te salve, María, llena eres de gracia, el Señor es contigo. Bendita tú eres entre todas las mujeres, y bendito es el fruto de tu vientre: Jesús. Santa María, Madre de Dios, ruega por nosotros, pecadores, ahora y en la hora de nuestra muerte. Amén.

Gloria al Padre, al Hijo y al Espíritu Santo. Como era en el principio, ahora y siempre, por los siglos de los siglos. Amén.

DÍA PRIMERO

Hermosa mujer vestida de sol, suave y tierna como un girasol. Hoy vengo a ti de rodillas para pedirte un favor, hoy necesito Señora tu bendición, pues no quiero perder de mi vida el control, quiero que seas tú la luz de mi humilde farol y mi pena Reina del Cielo hagas menor. No venga el mal a traer descontrol. Inclinarme ante ti siempre será un honor y besar tu rostro encantador. Bendita seas Virgen de amor.

Padre Nuestro, que estás en el cielo, santificado sea tu nombre; venga a nosotros tu reino; hágase tu voluntad, en la tierra como en el cielo. Danos hoy nuestro pan de cada día; perdona nuestras ofensas, como también nosotros perdonamos a los que nos ofenden; no nos dejes caer en la tentación, y líbranos del mal. Amén.

Dios te salve, María, llena eres de gracia, el Señor es contigo. Bendita tú eres entre todas las mujeres, y bendito es el fruto de tu vientre: Jesús. Santa María, Madre de Dios, ruega por nosotros, pecadores, ahora y en la hora de nuestra muerte. Amén.

Gloria al Padre, al Hijo y al Espíritu Santo. Como era en el principio, ahora y siempre, por los siglos de los siglos. Amén.

DÍA SEGUNDO

En el cielo brillas Estrella blanca como diamante, eres una Virgen clara y elegante, has sido gran inspiración del pintor, fuiste la madre de nuestro Salvador. Te imploro Señora mía en este instante, me ayudes a resolver este asunto tan importante. De perder mi casa tengo temor y no encuentro el remedio salvador. Sé que en muchas cosas soy ignorante, por eso te pido me des claridad con tu luz radiante. Es posible que sólo sea un rumor, pero no quiero cometer ningún error.

Padre Nuestro, que estás en el cielo, santificado sea tu nombre; venga a nosotros tu reino; hágase tu voluntad, en la tierra como en el cielo. Danos hoy nuestro pan de cada día; perdona nuestras ofensas, como también nosotros perdonamos a los que nos

ofenden; no nos dejes caer en la tentación, y líbranos del mal. Amén.

Dios te salve, María, llena eres de gracia, el Señor es contigo. Bendita tú eres entre todas las mujeres, y bendito es el fruto de tu vientre: Jesús. Santa María, Madre de Dios, ruega por nosotros, pecadores, ahora y en la hora de nuestra muerte. Amén.

Gloria al Padre, al Hijo y al Espíritu Santo. Como era en el principio, ahora y siempre, por los siglos de los siglos. Amén.

DÍA TERCERO

Generala de los Ejércitos Celestiales, tú que todo lo puedes, ayúdame y bríndame tus mercedes, tiende tu manto y abrígame, como a otro más de tus hijos consuélame. Sé que cuando hay carencia en el hogar tú lo entiendes. Modestamente te ruego Señora mi mesa llenes, para que a mi familia el hambre calmes, siempre dispuesta a recibir con amor al que a tu puerta llame. Me acerco a ti porque sé que a mis llamados atiendes y hasta los lugares más humildes y lejanos desciendes.

Padre Nuestro, que estás en el cielo, santificado sea tu nombre; venga a nosotros tu reino; hágase tu voluntad, en la tierra como en el cielo. Danos hoy nuestro pan de cada día; perdona nuestras ofensas, como también nosotros perdonamos a los que nos

ofenden; no nos dejes caer en la tentación, y líbranos del mal. Amén.

Dios te salve, María, llena eres de gracia, el Señor es contigo. Bendita tú eres entre todas las mujeres, y bendito es el fruto de tu vientre: Jesús. Santa María, Madre de Dios, ruega por nosotros, pecadores, ahora y en la hora de nuestra muerte. Amén.

Gloria al Padre, al Hijo y al Espíritu Santo. Como era en el principio, ahora y siempre, por los siglos de los siglos. Amén.

DÍA CUARTO

Virgen de las Mercedes ha nacido en mi corazón alegría y es para mí muy importante este día, no quiero que mi cielo se oscurezca con una nube oscura y nada manche en mi vestido la blancura. Mi horizonte se vea limpio aún en la lejanía. Bendice Señora toda esta algarabía y lo que tanto deseo en este momento ocurra, así poder disfrutarlo en toda su anchura. Hoy quiero poder entender, lo que antes no comprendía y me dejaba llevar por cosas que yo suponía.

Padre Nuestro, que estás en el cielo, santificado sea tu nombre; venga a nosotros tu reino; hágase tu voluntad, en la tierra como en el cielo. Danos hoy nuestro pan de cada día; perdona nuestras ofensas, como también nosotros perdonamos a los que nos

ofenden; no nos dejes caer en la tentación, y líbranos del mal. Amén.

Dios te salve, María, llena eres de gracia, el Señor es contigo. Bendita tú eres entre todas las mujeres, y bendito es el fruto de tu vientre: Jesús. Santa María, Madre de Dios, ruega por nosotros, pecadores, ahora y en la hora de nuestra muerte. Amén.

Gloria al Padre, al Hijo y al Espíritu Santo. Como era en el principio, ahora y siempre, por los siglos de los siglos. Amén.

DÍA QUINTO

Mirando las estrellas descubrí que tu luz es la más hermosa y aún siendo yo tan pequeño descubrí que eres grandiosa. Ahora Divina Luz comienzo mi labor y te pido con sencillez un gran favor. Bendice mi trabajo Madre bondadosa, para que dé buenos frutos y no permanezca ociosa. Esta novena te dedico con amor venturosa Virgen María, alma primorosa, líbrame de toda situación pecaminosa. El ruiseñor a ti canta con candor, yo me inclino ante ti y te rezo con fervor.

Padre Nuestro, que estás en el cielo, santificado sea tu nombre; venga a nosotros tu reino; hágase tu voluntad, en la tierra como en el cielo. Danos hoy nuestro pan de cada día; perdona nuestras ofensas, como también nosotros perdonamos a los que nos

ofenden; no nos dejes caer en la tentación, y líbranos del mal. Amén.

Dios te salve, María, llena eres de gracia, el Señor es contigo. Bendita tú eres entre todas las mujeres, y bendito es el fruto de tu vientre: Jesús. Santa María, Madre de Dios, ruega por nosotros, pecadores, ahora y en la hora de nuestra muerte. Amén.

Gloria al Padre, al Hijo y al Espíritu Santo. Como era en el principio, ahora y siempre, por los siglos de los siglos. Amén.

DÍA SEXTO

El sol te ha revestido de blancura virginal y ha convertido en arrullo el temido vendaval, de flores el sendero para que puedas pasar. Te solicito bendigas mi camino y tranquilo pueda pisar, que mi andar sea ligero y no me pese el costal, para llegar feliz a rezarte a tu portal. Limpio de pecado ante ti me pueda presentar, de todo estorbo en mi paso me pueda librar. Ayúdame para que mi trayecto termine cabal, al comenzar el día hacerte oración matinal.

Padre Nuestro, que estás en el cielo, santificado sea tu nombre; venga a nosotros tu reino; hágase tu voluntad, en la tierra como en el cielo. Danos hoy nuestro pan de cada día; perdona nuestras ofensas, como también nosotros perdonamos a los que nos ofenden; no nos dejes caer

en la tentación, y líbranos del mal. Amén.

Dios te salve, María, llena eres de gracia, el Señor es contigo. Bendita tú eres entre todas las mujeres, y bendito es el fruto de tu vientre: Jesús. Santa María, Madre de Dios, ruega por nosotros, pecadores, ahora y en la hora de nuestra muerte. Amén.

Gloria al Padre, al Hijo y al Espíritu Santo. Como era en el principio, ahora y siempre, por los siglos de los siglos. Amén.

DÍA SÉPTIMO

Divino Resplandor Celestial dime cómo puedo llegar para que me dejes a tu corazón entrar. Señora mía es mi deber cuidar a mis hijos. Y es por eso que te pido me ayudes con tu gran ciencia para hacer lo debido. Como tú me has enseñado quiero yo a ellos enseñar para que nada ni nadie en el mundo los pueda engañar. Tú Virgen Sagrada que siempre tienes un lucero encendido ilumina su camino y cuídalos mientras estén dormidos. Bendita seas Estrella del Mar.

Padre Nuestro, que estás en el cielo, santificado sea tu nombre; venga a nosotros tu reino; hágase tu voluntad, en la tierra como en el cielo. Danos hoy nuestro pan de cada día; perdona nuestras ofensas, como también nosotros perdonamos a los que nos

ofenden; no nos dejes caer en la tentación, y líbranos del mal. Amén.

Dios te salve, María, llena eres de gracia, el Señor es contigo. Bendita tú eres entre todas las mujeres, y bendito es el fruto de tu vientre: Jesús. Santa María, Madre de Dios, ruega por nosotros, pecadores, ahora y en la hora de nuestra muerte. Amén.

Gloria al Padre, al Hijo y al Espíritu Santo. Como era en el principio, ahora y siempre, por los siglos de los siglos. Amén.

DÍA OCTAVO

Alrededor de la tierra eres Reina de la Paz, rápida en tus acciones como cometa fugaz. Expedita en dar provisión al necesitado y todo aquél que en ti cree se siente amparado. Alumbra a mi hijo para cuando crezca sea un hombre tenaz, de realizar obras buenas sea capaz. Por medio de tu protección su futuro esté asegurado y llegue a lograr el proyecto soñado. Guíame para darle buena cimiente y evitar sea un tipo rapaz y no pase por el mundo como volátil gas.

Padre Nuestro, que estás en el cielo, santificado sea tu nombre; venga a nosotros tu reino; hágase tu voluntad, en la tierra como en el cielo. Danos hoy nuestro pan de cada día; perdona nuestras ofensas, como también nosotros perdonamos a los que nos ofenden; no nos dejes caer

en la tentación, y líbranos del mal. Amén.

Dios te salve, María, llena eres de gracia, el Señor es contigo. Bendita tú eres entre todas las mujeres, y bendito es el fruto de tu vientre: Jesús. Santa María, Madre de Dios, ruega por nosotros, pecadores, ahora y en la hora de nuestra muerte. Amén.

Gloria al Padre, al Hijo y al Espíritu Santo. Como era en el principio, ahora y siempre, por los siglos de los siglos. Amén.

DÍA NOVENO

De todas las mujeres la más buena, de todas las almas la más serena, la más amada y adorada en el mundo. Hoy siento que me fundo, por tu amor rezándote esta novena, porque mi vida de bendiciones esté llena y me aleje del mal inmundo, que me estremece con miedo profundo, cerca de ti mi existencia será plena, sin temor y libre de toda pena y aunque mi alma esté moribunda, la paz sea conmigo lejos del engaña-mundo y cerca de la vida eterna.

Padre Nuestro, que estás en el cielo, santificado sea tu nombre; venga a nosotros tu reino; hágase tu voluntad, en la tierra como en el cielo. Danos hoy nuestro pan de cada día; perdona nuestras ofensas, como también nosotros perdonamos a los que nos ofenden; no nos dejes caer

en la tentación, y líbranos del mal. Amén.

Dios te salve, María, llena eres de gracia, el Señor es contigo. Bendita tú eres entre todas las mujeres, y bendito es el fruto de tu vientre: Jesús. Santa María, Madre de Dios, ruega por nosotros, pecadores, ahora y en la hora de nuestra muerte. Amén.

Gloria al Padre, al Hijo y al Espíritu Santo. Como era en el principio, ahora y siempre, por los siglos de los siglos. Amén.

ORACIÓN FINAL

Virgen de las Mercedes, Reina adorable, Señora de bondad y amor entrañable. Tú mi espíritu llenas de vida. En mi corazón eternamente tienes cabida. Dame tu protección en este tiempo tan variable, para que mi situación siga siendo estable, porque últimamente mi alma se siente abatida, por personas de malos sentimientos me siento envestida. Divina Madre mira a este hijo tuyo y dame respuesta favorable. Se aleje de mí el de proceder detestable. Tu imagen en mis ojos llevo esculpida, tu amor en mi pecho tierna guarida.

Padre Nuestro, que estás en el cielo, santificado sea tu nombre; venga a nosotros tu reino; hágase tu voluntad, en la tierra como en el cielo. Danos hoy nuestro pan de cada día; perdona nuestras ofensas, como también nosotros perdonamos a los que nos ofenden; no nos dejes caer en la tentación, y líbranos del mal. Amén.

Dios te salve, María, llena eres de gracia, el Señor es contigo. Bendita tú eres entre todas las mujeres, y bendito es el fruto de tu vientre: Jesús. Santa María, Madre de Dios, ruega por nosotros, pecadores, ahora y en la hora de nuestra muerte. Amén.

Gloria al Padre, al Hijo y al Espíritu Santo. Como era en el principio, ahora y siempre, por los siglos de los siglos. Amén.

Papá Dios: que tu sabiduría nos guíe; que tu luz ilumine nuestro camino; que tu amor nos de paz; que tu poder nos proteja, y que por donde quiera que caminemos, tu presencia nos acompañe. Gracias Papá Dios que ya nos oíste. Amén.

www.ingramcontent.com/pod-product-compliance
Lightning Source LLC
Chambersburg PA
CBHW060326170426
42811CB00132B/329